LES ANGES

Traversez les croyances, religions,
arts et cultures à la découverte des anges

EDITIONS ESI

LES ANGES

Traversez les croyances, religions,
arts et cultures à la découverte des anges

EDITIONS ESI

Sommaire

Les anges dans l'histoire

Les anges et les religions

Les anges et les éléments

Des hommes et des anges

Les anges dans l'histoire

Depuis la nuit des temps, l'histoire des anges est intimement liée à celle des humains. Leur appartenance soi-disant vérifiée aux religions monothéistes est mise en doute par les récits déchiffrés sur d'antiques textes sacrés ou légendaires. Notamment dans les mythes babyloniens rédigés dix-huit siècles avant notre ère...

D'Atrahasis à Abraham

La toute première intervention d'un envoyé divin auprès d'un homme est décrite dans la mythologie babylonienne avec l'histoire d'Atrahasis à qui le Dieu suprême Enlil envoie le messager Ea pour lui annoncer la destruction imminente de toute sa création par un déluge. L'ange-déité lui demande de construire une arche pour embarquer et sauver un couple de chaque espèce animale. Cette histoire n'est pas sans rappeler celle du Noé biblique. Ce n'est pas la seule similitude. Les anges et archanges que nous connaissons aujourd'hui ont souvent un correspondant antique. Si les rôles sont similaires, les représentations diffèrent. Les anges de la mythologie, qu'on les nomme Karîbu, Lamassu, Netjer ou encore Sphinx, ont souvent des corps d'animaux, une tête humaine et une ou plusieurs paires d'ailes. L'archéologie nous a offert de belles descriptions et représentations de ces messagers-gardiens intercédant entre Dieu et les hommes au fil des différentes civilisations. Leurs histoires s'entrecroisent, se ressemblent et finissent par s'unifier autour d'Abraham et des premiers patriarches communs à nos trois grandes religions monothéistes.

Premières traces...

Bien avant que la Bible ne les décrive, les anges étaient présents dans de nombreuses civilisations. Nous savons par exemple que le terme hébreu kerûbîm, ou chérubins, correspond au mot karîbu utilisé dans les textes mésopotamiens pour désigner un esprit ou un génie plaidant pour les humains auprès des dieux en colère. Dans la mythologie babylonienne, les Ameli veillaient sur l'humanité. Chez les Romains, on les nommait Genius. Platon parlait « *d'une race ailée qui circule dans les airs* ». Il décrivait aussi comment Socrate se laissait inspirer par son « Daïmon ». Dans l'Antiquité, ces premiers anges sont souvent représentés comme des êtres mi-humains mi-animaux et toujours dotés d'ailes. Mardouk, célèbre déité mésopotamienne, est toujours représenté avec des ailes. La légende raconte qu'il terrassa l'armée des démons et leur chef, Kingou, qu'il enferma aux enfers. Ce qui n'est pas sans rappeler le rôle de Michaël dans la Bible. Le musée du Louvre abrite quelques statues colossales de ces anges antiques à tête humaine et corps de lion ou de taureau ailé, qui gardaient les entrées des palais assyriens et achéménides : les Lamassu. Ce type de représentation est très répandu dans tout le Proche-Orient, en Grèce et en Italie. Les plus célèbres de ces anges de l'Antiquité restent les Sphinx égyptiens dont la fonction principale n'est pas sans rappeler quelque chose de très connu chez les Chrétiens : garder l'arbre de vie au jardin d'Éden.

L'Égypte antique et le livre d'Enoch

Dans l'Égypte antique, les divinités appelées Netjer sont au nombre de 2 000. Proches des hommes, soumises à leurs besoins, elles peuvent être comparées aisément aux génies et à nos anges bibliques. De nombreux parallèles sont faits entre les croyances égyptiennes et la Bible. N'oublions pas que le peuple hébreu vécut longtemps en Égypte d'où Moïse le fit sortir. Certains historiens pensent que le Dieu des Hébreux n'est autre que celui que le célèbre Akhenaton (Aménophis IV) tenta d'imposer 1 355 ans avant Jésus-Christ. À l'origine des textes égyptiens, mais aussi éthiopiens, hébreux et arabes se trouve un personnage à qui l'on doit beaucoup pour la connaissance des anges : le patriarche Enoch. Écarté des canons bibliques, son livre décrit la chute des anges et leurs rapports avec les femmes des premiers temps qui enfantèrent une génération de géants. Pour Enoch, ce sont ces fameux anges déchus qui apprirent aux hommes l'usage des armes, la sorcellerie, l'astronomie, les plantes médicinales. Ils provoquèrent la colère divine à l'origine du déluge. C'est aussi dans le livre d'Enoch que sont cités les quatre principaux archanges : Mickaël, l'ange clément et patient ; Raphaël, l'ange qui préside aux douleurs et aux blessures des hommes ; Gabriel, celui qui préside à tout ce qui est puissant ; et enfin Phanuel (ou Uriel selon les textes), en charge de la pénitence et de l'espérance de ceux qui doivent hériter de la vie éternelle.

Les grandes étapes bibliques

Si les spécialistes s'accordent à dire que les anges font partie des tout premiers êtres créés, ils n'apparaissent cependant dans l'Ancien Testament qu'après la création d'Adam et Ève et à un moment assez délicat : leur expulsion du paradis. « *Le Seigneur plaça des chérubins devant le jardin d'Éden. Ceux-ci, armés de l'épée flamboyante et tourbillonnante, devaient garder l'accès de l'arbre de la vie* » (Genèse III, 23). Une première apparition d'anges « gardiens » en quelque sorte, mais assez éloignés de notre vision moderne. Quoi qu'il en soit, les anges jouent un rôle de premier plan tout au long des textes fondateurs des trois grandes religions monothéistes. Ces premiers anges sont tour à tour protecteurs ou destructeurs. Ils protègent Agar, l'esclave qui porte le premier fils d'Abraham, et favorisent ainsi l'apparition des Ismaélites que les Arabo-Musulmans considèrent comme leurs ancêtres. Ils sauvent Loth le Juste, détruisent Sodome la ville impure, retiennent la main d'Abraham lorsqu'il va sacrifier son fils Isaac, accompagnent le serviteur de ce dernier pour l'aider à trouver Rebecca... Par la suite, que ce soit dans le Coran, la Torah ou le Nouveau Testament, les anges restent toujours proches des humains, montant et descendant sans cesse le long de l'échelle qui apparut à Jacob lors de son songe, une des images les plus populaires de l'art paléochrétien (du IIIe au VIe siècle).

Les anges dans l'histoire de l'art

Intimement liés aux hommes, les anges ont toujours représenté une grande source d'inspiration pour les artistes. Les mutations mi-ange mi-animal de l'Antiquité disparaissent avec l'ère chrétienne. Les anges deviennent alors très humains et sont toujours vêtus de blanc. Toute ressemblance avec les idoles païennes est évidemment proscrite. Petit à petit, à partir du IVe siècle, les ailes reviennent mais les anges sont toujours représentés au côté du Christ ou de Marie. La Renaissance reste une des périodes les plus riches. Son premier maître est sans nul doute Fra Angelico (frère Angélique), célèbre pour ses anges ailés et la finesse de leurs traits. Michel Ange préfère les représentations esthétiques d'anges-éphèbes souvent musclés mais sans ailes, car d'après lui elles nuisent à la beauté du corps et manquent de réalisme. Avec l'arrivée des baroques, les angelots joufflus prolifèrent. Les chérubins connaissent également une période faste au XVIIe siècle. Au XIXe, les romantiques les préfèrent androgynes, fragiles. L'art nouveau aussi se plaît à prêter des traits féminins aux anges. À partir du siècle des Lumières, ils disparaissent progressivement des grandes œuvres. Leurs apparitions deviennent plus anecdotiques. Depuis un demi-siècle, les anges font un retour remarqué. Des peintres contemporains se spécialisent et les dessinateurs de manga s'en donnent à cœur joie en ponctuant leurs histoires d'apparitions angéliques.

Les anges aujourd'hui

Le XXᵉ siècle et le début du XXIᵉ auront été marqués par quelques interventions angéliques. La plus célèbre se passe en 1916 au Portugal lorsque l'ange de la Paix, qui se présentera comme l'ange gardien du Portugal, apparaît à trois bergers, Lucie 10 ans et ses deux cousins du même âge. Il visitera les enfants à trois reprises pour leur annoncer et les préparer à l'apparition de la vierge Marie qui leur révéla les fameux trois secrets de Fatima. En 1943, quatre adolescentes juives de Budapest vivent plusieurs expériences de communication avec leurs anges gardiens. Trente-trois ans plus tard, l'une d'elles, la seule à avoir survécu aux camps de concentration, se décide à publier *Dialogues avec l'ange* (1976), un livre qui connut un succès retentissant. En 1961, c'est en Espagne cette fois, mais toujours à des enfants, que l'archange Mickaël annonce les apparitions de la vierge Marie qui vont se produire à Garabandal. En 1947, les découvertes simultanées des manuscrits de la mer Morte et de ceux de Nag Hammadi en Égypte apportent un éclairage particulier sur les anges et leurs rôles auprès des humains. Récemment, l'écrivain Pierre Jovanovic, devenu une référence en angéologie presque malgré lui, décortique le dernier grand krach boursier qui a plongé le monde dans la crise économique actuelle : celui-ci a lieu le 29 septembre 2008, fête des archanges et le Dow Jones perd 777,77 points… Coïncidence ou synchronicité ?

Les anges et les religions

Pas d'ange, pas de religion. Voilà une loi qui semble acquise. Mais en survolant l'histoire des anges, en scrutant celles que relatent les différents textes sacrés, une évidence ébranle les institutions monothéistes auxquelles l'opinion publique et les spécialistes ont toujours accordé une légitime parenté : les écrits que l'on dit païens parlent eux aussi d'êtres angéliques. De nombreuses similitudes sont d'ailleurs très troublantes.

Et si tous n'étaient qu'Un ?

Un fait incroyable saute aux yeux de celles et ceux qui se plongent dans la recherche sur les anges, sur la base des religions qui relient les hommes depuis que le contact est établi avec la divinité : beaucoup d'histoires se ressemblent. La lecture de certains écrits, prétendus païens et interdits aux croyants des trois religions qui se partagent la quasi-totalité de la foi des terriens, révèle d'incroyables similitudes. Dans certains cas, les textes païens ont été retranscrits tels quels par les auteurs des écrits canoniques des trois courants religieux, fondés sur la base unique de la Bible hébraïque qui va de la Genèse à Abraham. Les fidèles se divisent ensuite selon la doctrine de Jésus ou de Mahomet. La religion juive est restée fidèle à sa base, fondée sur la promesse d'un messie qui sauvera le peuple élu et qui ne s'est pas encore manifesté. Quoi qu'il en soit, on retrouve l'histoire de Noé dans le mazdéisme, l'archange Michaël ressemblant d'ailleurs étonnamment à plusieurs divinités sumériennes et hindouistes. Les messagers sont les mêmes, mais qui donc est leur Dieu créateur ?

Les anges de l'Ancien Testament

L'Ancien Testament est riche d'enseignements sur les êtres angéliques, mais il n'existe aucun récit qui leur soit totalement consacré. Cela est volontaire, car les auteurs de la Bible craignaient que la foi des hommes soit détournée et qu'ils accordent aux anges l'importance qu'ils n'ont pas puisqu'ils ne sont que la représentation ou les messagers de Dieu. Le pape Jean-Paul II l'avait clairement souligné lors d'une audience en déclarant : « *Les anges ne sont pas des créatures de premier plan dans la réalité de la Révélation.* » D'ailleurs, en parcourant l'Ancien Testament, on a l'impression que les hommes ne découvrent que progressivement ces alliés mystérieux. À part les chérubins, nommés dès la Genèse en tant que gardiens du jardin d'Éden, les premières citations ne parlent que de « l'ange de Yahvé », celui qui retient la main d'Abraham ou qui apparaît à Moïse pour lui transmettre les tables de la loi. Les précisions apparaissent au fil des récits et des auteurs : leur nombre, « des myriades de myriades », avec Daniel (7, 10), leurs chœurs avec les chérubins (Genèse, Exode) et les séraphins avec Isaïe (6, 2). Leurs rôles de protecteurs et d'alliés sont également confirmés tout au long des textes anciens et notamment dans les psaumes. Quelques noms sont également révélés. Michaël apparaît chez Jude (1, 9), Daniel cite Gabriel plusieurs fois et Raphaël qui aide l'exemplaire Tobie et sa famille mais ne dévoile son nom qu'à la fin (Livre de Tobie).

Les anges du Nouveau Testament

Bien qu'étant assez discrets, les anges confirment leur ministère tout au long du Nouveau Testament et Jésus y annonce même le début d'une nouvelle ère angélique : « *Vous verrez désormais le ciel ouvert et les anges de Dieu monter et descendre...* » Bien avant son incarnation, les anges préparent déjà le terrain et clament l'arrivée de Dieu. Zacharie apprend la naissance de Jean-Baptiste par Gabriel qui annonce aussi à Marie l'arrivée du messie. C'est encore lui qui demande à Joseph de ne pas la répudier quand il découvre qu'elle est enceinte. Les anges sont présents lors de la naissance du Christ et annoncent la nouvelle aux bergers. C'est encore un ange qui demande à Joseph de fuir en Égypte pour échapper au massacre des nourrissons voulu par Hérode. Le même sonnera l'heure du retour. Dans la parabole du semeur, ce sont des anges qui viendront moissonner et séparer le bon grain de l'ivraie. C'est encore un ange qui descend dans l'eau de la piscine de Bethsaïda pour guérir les infirmes. Un autre soutient et fortifie Jésus dans le jardin des oliviers, la veille de son arrestation. À l'heure de la résurrection, un ange fait rouler la pierre du tombeau, s'y assoit et annonce la nouvelle aux trois femmes. Dans les actes des apôtres, l'ange endort les gardiens et libère les compagnons de Jésus. Pour finir, saint Paul confirme la présence d'anges gardiens : « *Un ange à qui je suis confié et que je sers fidèlement m'est apparu.* » (Actes 27, 23).

La Kabbale mène le bal

Celles et ceux qui affirment connaître les anges doivent beaucoup aux kabbalistes. Ces spécialistes des questions religieuses juives travaillent depuis des générations sur le décodage de la Thora, notamment ses premiers volumes. La tradition kabbalistique est basée sur l'étude de ce code et sa révélation. Dans une partie de la Genèse, les kabbalistes affirment avoir découvert les noms de soixante-douze anges qui semblent être ceux cités dans les textes sacrés, répartis en dix chœurs ou familles d'anges. Sur cette base, Denys l'Aréopagite et le pape Grégoire Ier ont élaboré la hiérarchie sur laquelle se base l'église catholique encore aujourd'hui. Bien que formée des mêmes anges, nommément cités par les kabbalistes mais amputés d'un de leurs chœurs, l'église catholique refuse de donner les noms des anges de cette hiérarchie. Ils déconseillent d'ailleurs fortement aux fidèles de nommer leurs anges gardiens. Leur vouer un culte est également déconseillé par l'ensemble des communautés religieuses. On constate de nos jours une recrudescence de sites Internet qui utilisent presque tous cette base kabbalistique sur laquelle ils greffent diverses notions ésotériques, religieuses ou mystiques. Ainsi de nombreux sites fournissent le nom de leurs anges personnels aux milliers de visiteurs potentiels du Web sur la base des soixante-douze dont ils disposent.

Les anges du Coran

Les anges jouent un rôle fondamental dans le Coran, dont les textes sacrés ont été révélés par Gabriel au prophète Mahomet, dans une grotte du mont Hira. Esprit fidèle, l'archange conduit aussi l'élu jusqu'à Dieu par « l'Échelle de Mahomet ». Les anges gardent cependant une position de simples exécutants, sans libre arbitre. D'origine divine, leur présence est indispensable mais ils restent discrets et ne doivent jamais être l'objet d'un culte. Ils sont innombrables et occupent de nombreuses fonctions. Ce sont des anges qui soutiennent tout le cosmos et sont chargés de son organisation. L'ange de la Mort, surnommé Azraël dans de nombreux récits, terrifiant pour les non-croyants et consolateur pour les fidèles, sépare les âmes des corps. Il dispose d'une légion d'assistants. Le Coran mentionne également les anges gardiens décrits comme *« de nobles scribes qui savent ce que vous faites »* (LXXXII 10-12). Deux d'entre eux accompagnent chaque être humain, l'un pour noter ses bonnes actions et l'autre les mauvaises. Dans la pensée soufie, les anges sont aussi les lettres primordiales de l'alphabet arabe qui, combinées aux éléments, forment la base de toute la création. Chaque homme est issu d'une de ces combinaisons que l'on peut associer à la parole divine. Mais l'homme nouveau doit naître d'esprit. Vivifié par son maître intérieur qui n'est autre que son ange personnel, il ne verra pas la mort et restera intimement lié au divin pour l'éternité.

Les anges dans l'hindouisme

Force est de constater qu'il existe bel et bien, dans les mythes fondateurs hindouistes, une catégorie d'êtres célestes très proches de nos anges. Ils sont répartis en deux catégories. Les ganas, innombrables, ont un rôle de gardiens auprès des divinités supérieures et des humains qu'ils accompagnent, ils les protègent et les défendent face aux gardiens du passage vers l'autre monde. Les vinayakas sont leurs doubles malfaisants, infatigables semeurs d'embûches. Ces deux groupes « d'anges » sont, dans l'hindouisme, les multiples expressions et forment l'un des dieux les plus populaires en Inde et au Tibet : Ganesh. La légende raconte sa naissance douloureuse. À l'origine se trouve un gana créé par la déesse Parvati, dont la mission était de garder l'entrée de ses appartements et d'empêcher quiconque, y compris Shiva son propre époux, d'y pénétrer. Cela ne manqua pas d'irriter les principales divinités méconnaissant les origines du jeune esprit gardien. Unissant leurs efforts, ils permirent à Shiva de décapiter le petit sujet de Parvati. La déesse entra alors en furie et réclama à son époux le retour à la vie du gana. Il s'exécuta mais, ne retrouvant pas la tête originale, il la fit remplacer par celle d'un éléphanteau. Parvati présenta alors ce nouveau dieu au panthéon et lui octroya le rang de gardien de tous les ganas. Maître des obstacles, le plus jeune des dieux est aussi le préféré des Indiens.

Les anges et les éléments

Selon les textes, les êtres célestes sont les bases élémentaires de la relation entre l'homme et le Créateur. Difficile cependant d'imaginer que des êtres supérieurs, faits d'esprit, habitent la matière, considérée comme inférieure. Pourtant les pères de l'Église leur reconnaissent un rôle sur toute la création. Certains éléments du monde matériel sont, en outre, laissés à la gouvernance des anges déchus. Une forme de punition pour les rebelles devenus démons.

Nectar d'angélique

Accorder des tâches bassement fonctionnelles sur les expressions mineures de la création à des êtres supérieurs tels que les anges et les archanges peut sembler aberrant. Que les êtres de lumière soient supérieurs à ceux de la terre qui doivent travailler dur pour s'offrir l'électricité et donc la lumière qui les éclaire, après tout ce n'est peut-être que justice. S'ils suivaient les conseils angéliques à la lettre, ils n'en seraient peut-être plus à ce stade primitif de leur avancée spirituelle globale. Peut-être alors utiliseraient-ils plus le potentiel inexploité de leur cerveau et seraient-ils à même de contrôler de nombreuses énergies et forces qui les dépassent. Ainsi, bien que moins terrestres, les anges sont beaucoup plus proches des éléments que l'homme. En raison de son origine divine, l'ange aime la création dont l'homme fait partie. D'après Enoch, ce sont les anges déchus qui ont appris aux hommes bien des sciences comme celle de transformer l'angélique (cette plante qui les rapproche tant de Dieu qu'ils lui ont donné un nom d'ange) en liqueur médicinale.

Les anges et les saisons

Les religions et les croyances auxquelles elles participent s'accordent sur un point : les anges possèdent une connaissance approfondie du mystère de la création et participent à sa révélation. Dans le livre d'Enoch, le patriarche décrit son enlèvement par les anges envoyés de l'Éternel et l'enseignement qu'ils lui transmettent en même temps qu'une prophétie troublante. « *Ces anges me révélèrent toutes choses et me donnèrent l'intelligence de ce que j'avais vu, qui ne devait point avoir lieu dans cette génération, mais dans une génération éloignée, pour le bien des élus.* » Sont cités les noms des anges déchus et les secrets dévoilés à certains êtres humains. « *Barkayal enseigna l'art d'observer les étoiles,* [...] *Tamiel enseigna l'astronomie et Asaradel leur apprit les mouvements de la lune.* » La visite est très poussée : « *Je vis les montagnes de ténèbres qui produisaient l'hiver.* » Pour les Esséniens, dont l'existence et les pratiques sont révélées dans les manuscrits de la mer Morte et les codex découverts à Nag Hammadi, les archanges, au nombre de quatre, organisent la création du système solaire à partir des quatre éléments. Leurs manifestations correspondent aux quatre saisons qui forment l'année terrestre ou ronde des archanges. Chez les musulmans, une catégorie d'anges habite dans les sphères célestes dont ils règlent les mouvements. Responsables de l'organisation du cosmos, ils sont à l'origine de la course des saisons et de leur déroulement.

Les anges et les points cardinaux

Souvent associés aux pierres, métaux et matériaux nobles, les anges sont étonnamment peu concernés par les points cardinaux. Les pôles magnétiques sont peut-être un peu trop terrestres pour les êtres célestes. Du coup, ce sont les anges déchus qui se retrouvent aux postes, surveillant et gérant nos quatre directions. Une vision moderniste leur attribue le déboussolage flagrant d'une partie de l'humanité... Qui sait ? Toujours est-il que Zoroastre (ou Zarathoustra) semble être le premier à évoquer quatre esprits d'une grande vertu se tenant aux quatre points cardinaux. Issus d'une hiérarchie majeure dans le zoroastrisme, ils se nomment Oriens, Paymon, Egim et Amaymon. Le prophète attribue à chacun d'eux la direction de vingt-cinq légions de génies. Cette vision païenne inspira certainement une forme de rejet chez les monothéistes. Aussi est-ce chez les démons infernaux que la *Pseudomonarchia daemonum* (pseudo hiérarchie des démons), un traité en latin des premiers siècles chrétiens, va chercher les anges des points cardinaux. Leurs noms ressemblent étrangement aux esprits zoroastriens : Orient, Poymon, Equi et Amoymon. Ils apparaissent ensuite dans plusieurs manuels de magie et d'occultisme où ils sont présentés comme les interlocuteurs privilégiés des magiciens et sorciers. De leurs côtés, les anges célestes sont seulement utilisés sous forme de statues de pierre pour indiquer les points cardinaux, sur les clochers ou même juste pour décorer...

Les anges et les quatre éléments

Un texte apocryphe du premier siècle, conservé au Vatican, apporte des éléments très intéressants sur les dons de guérisseur du Christ. Dans l'Évangile de vérité, Jésus enseigne la façon de purifier son corps, le guérir et vivre en bonne santé. La cure nécessite le concours des trois anges de l'air, de l'eau et du soleil ; la Terre étant considérée comme la mère universelle des créatures terrestres. « *Il a été enseigné à vos ancêtres : "Honore le Père céleste et la Mère, la Terre, et suis leurs commandements afin que tes jours soient prolongés sur la terre".* » La cure se déroule sur sept jours de jeûne, en pleine nature, et passe par trois phases de contacts angéliques. « *Recherchez l'air pur de la forêt ou celui des champs, car c'est là que vous trouverez l'ange de l'air* [...]. *Quittez vos habits et laissez l'ange de l'air embrasser tout votre corps. Puis respirez lentement et profondément afin que l'ange puisse pénétrer en vous. Je vous le dis en vérité, l'ange de l'air chassera de votre corps toutes les impuretés qui le souillaient extérieurement et intérieurement.* » Le principe est le même avec l'ange de l'Eau, en se trempant régulièrement dans celle d'une rivière et en laissant l'être céleste nettoyer l'organisme. Il faut ensuite laisser l'ange solaire purifier le corps en l'exposant, nu, sous ses rayons. Si des douleurs persistent, notamment dans les os, alors intervient l'ange de la Terre qui agit dans la boue argileuse chauffée au soleil.

Les anges dans la nature

Dans la mythologie et dans de nombreuses croyances populaires toujours d'actualité, il existe tout un petit peuple de la nature qu'il ne faut cependant pas confondre avec les anges dont le rôle est sensiblement différent. Saint Augustin, qui connaissait très bien les origines des anges, écrivait : « *Toute chose visible dans ce monde est confiée à la garde d'un ange.* » On se souvient en effet que le jardin d'Éden et l'arbre de vie sont gardés par des chérubins. Leurs ancêtres égyptiens, les sphinx, sont souvent représentés avec des feuilles de palmier, également considéré comme arbre de vie, car ils en sont aussi les gardiens redoutés. Dans la tradition juive, le livre Bereshit Rabba stipule : « *Il n'y a pas une tige sur terre qui n'ait pas son ange au ciel.* » La nature étant une merveilleuse création divine pour les croyants, il est évident que les anges participent à sa protection. Ils s'en servent aussi pour communiquer à l'instar de l'ange de Yahvé rendant ardent le buisson de Moïse. Dans son livre, Job affirme (12, 7) : « *Interroge les bêtes, elles t'instruiront, les oiseaux du ciel, ils t'apprendront, parle à la terre, elle t'instruira...* » Il existe ainsi une tradition selon laquelle les anges utilisent les plantes et les animaux pour communiquer avec les hommes. La colombe ou l'agneau sont le plus souvent utilisés. On notera enfin que de nombreuses plantes portent aussi des noms d'anges : cheveux d'ange, trompette des anges, angélique, archangélique...

Les anges, la matière, l'immatériel

Les rapports entre les anges et la matière donnent lieu à de nombreuses spéculations, dissertations et divagations. En cette période de convergences où les arts, les disciplines et les philosophies jouent la transversalité, il n'est pas rare de lire d'étonnantes affirmations au sujet des anges et de leurs rapports avec le monde matériel. Beaucoup pensent et affirment que Satan est l'ange de la Matière puisqu'il est le tentateur rabaissé à notre niveau vibratoire et domine les sentiments liés à l'envie de posséder, d'avoir... Rien n'est moins sûr. Pour tenter d'y voir clair, basons-nous sur les points communs aux trois religions monothéistes. Il se trouve que le rôle des anges est principalement de nous faire aimer Dieu et de nous aider à atteindre un haut niveau de spiritualité. Cela va jusqu'à nous apprendre à chercher le Créateur en toute chose créée. Et jusqu'à preuve du contraire une grande partie de la création, à notre niveau, est faite de matière. Le rôle des anges sur le sujet n'est pas simple puisqu'ils ont la double et délicate tâche de nous aider à nous en défaire au profit de l'esprit, de l'amour et de la générosité tout au long de notre vie. Mais aussi celle de nous la faire aimer en tant que représentation-émanation ou volonté du Créateur. Inversement, lorsque nous quittons le monde terrestre pour celui des âmes et des esprits, les anges sont là aussi pour nous aider à nous débarrasser, nous délester de toute charge matérielle.

Des hommes et des anges

Dieu et les hommes, des hommes et des dieux… Le sujet inspire de nombreuses thèses, mais en serait-il de même si nous n'avions pas les anges ? N'oublions pas que leur rôle premier est justement de relier les êtres humains à leur Créateur. D'ailleurs les anges sont présents dans pratiquement tous les grands questionnements humains. La vie, la mort, le bien, le mal… Ils ont inspiré et inspirent encore de très nombreux artistes et même certains scientifiques.

Allô la terre !

Lorsque les hommes parlent de Dieu, souvent ils s'opposent. Il semble en effet que lorsque l'être humain tente de se laisser directement inspirer par le Créateur ou par l'idée qu'il s'en fait, il crée plus facilement la division que l'union, s'éloignant tout autant de l'essence même de la religion dont la racine vient, ne l'oublions jamais, du terme latin *religare* qui signifie relier. En revanche, quand ce sont les anges qui inspirent les hommes, la production est intense et favorise même souvent leur unanimité face à de grandes œuvres inspirées. Peinture, sculpture, littérature, musique… Quelle preuve faut-il de plus à l'homme de la présence de petits messagers qui lui soufflent des idées géniales ? Et, l'air de rien, même au cinéma, considéré comme une discipline très tentatrice, les anges sont plutôt vendeurs. Surtout lorsqu'ils inspirent des comédies, parfois osées, et sont incarnés par des acteurs tels que Matt Damon et Ben Affleck…

Connaissance du bien et du mal

L'ange, c'est bien. Le démon, c'est mal. La conception manichéenne a longtemps gouverné l'esprit des hommes. Pour rendre à Manès ce qui lui appartient, c'est réduire sa pensée que de croire qu'elle se bornait à tout classer en « bonnes » ou « mauvaises » choses. Il s'agissait plutôt de lumière et d'obscurité avec de belles nuances. Cette vision réductrice, propre à l'être humain, est devenue dans le monde angélique le cliché du « bon » ange blanc qui souffle les « bonnes » indications et du « mauvais » petit démon qui pousse au vice. Une vision finalement assez éloignée des écrits dont le message principal stipule de ne point juger son prochain et dans lesquels Adam et Ève sont punis pour avoir goûté le fruit de l'arbre de la connaissance du... bien et du mal. S'il est un message que les anges diffusent très largement, c'est que tout est relatif et que Dieu est le créateur de toutes choses. Avec les anges nous apprenons que, bien que nocive pour l'homme, la partie obscure de la création est une volonté du Créateur. Dans les textes évangéliques, il suffit qu'un ange, reflet de la lumière de Dieu, s'approche pour que le noir démon s'enfuie. Car, pour en revenir à Manès, le propre de l'obscur est de reculer devant le lumineux. Les anges sont toujours décrits comme directement créés par la lumière divine. Donc, l'homme croyant qui ne peut juger de ce qui est bien ou mal a tout intérêt à garder son ange à ses côtés pour que l'obscur ne l'atteigne jamais.

La vie et la mort

L'ange est un symbole de vie et même de vie éternelle. Cela tombe bien puisque l'homme qu'il doit protéger, lui, est mortel. Quelle que soit la religion dans laquelle il évolue, l'ange est intimement lié à la vie et à la mort des êtres humains. Les petits enfants ont tous un ange gardien dès la naissance et même un peu avant, selon les croyances. Dans l'évangile selon Matthieu (chapitre 18), Jésus est très clair sur le sujet : « *Prenez garde de ne mépriser aucun de ces petits, car je vous dis que leurs anges dans les cieux voient sans cesse la face de mon Père.* » Par la suite, c'est en fonction de sa foi que l'adulte profitera ou non du secours angélique. Cette idée est illustrée dans le film de Wim Wenders, *Les Ailes du désir*, dans lequel un ange gardien tente en vain de sauver son protégé du suicide. Les anges jouent également des rôles très importants dans la guérison et la bonne santé, qui sont deux des principales raisons qui poussent à les appeler au secours. Ils sont là jusqu'au bout et même après. Les Enfers sont gardés par un ange (même s'il est déchu) et c'est un ange qui conduit le fidèle au Paradis. Cette notion d'ultime accompagnateur est vraiment unanime, elle l'était en Mésopotamie, à Babylone, et se vérifie dans les trois principales religions. Le grand auteur qu'était Mircea Eliade écrivit à la mort de son ami philosophe Henry Corbin en 1978 : « *Henry n'a pas souffert. Il est mort avec sérénité tant il était sûr que son ange gardien l'attendait.* »

L'ange et la culture

Étant par définition très spirituels, il va sans dire que les êtres de lumière que sont les membres de l'armée céleste ont très largement infiltré un domaine auquel Lucifer, l'ancien chérubin devenu l'expression du mal, n'entend pas grand-chose. Cela fait donc longtemps que les anges soufflent des messages subliminaux, ou tout simplement sublimes, aux grands écrivains qui se sont laissés inspirer. Dès le début du Moyen Âge, on les retrouve dans des chansons de geste, comme celle de Roland, qui décrit l'embuscade et la mort du célèbre chevalier à Roncevaux, sous le règne de Charlemagne. La Renaissance est un festival d'inspirations angéliques. Les diablotins qui apparaissent autour de Gargantua et Pantagruel amusent au moins un peu les écoliers obligés d'étudier le texte de Rabelais ! Pour beaucoup, c'est tout ce qui leur reste en mémoire. En mémoire aussi Victor Hugo, de Vigny et les grands romantiques du XIXe siècle qui ont laissé quelques pièces magistrales. Quant à Blaise Pascal, difficile de ne pas réfléchir à sa démonstration du pari dans ses *Pensées*. Nous y reviendrons plus loin. Le cinéma s'y est mis tard. Les anges inspireront cependant un splendide mutant angélique à Pasolini dans son *Théorème*. Sans oublier *Les Ailes du désir* de Wim Wenders, film devenu culte dès sa sortie au cinéma. En France *Les Anges gardiens* de Jean-Marie Poiret est l'unique comédie donnant les premiers rôles à deux anges. Enfin *Dogma* offre une vision bouffonne mais rafraîchissante du « pote Jésus » et de ses anges déchus...

Les anges et la science

Par définition, les anges et la science ne devraient pas faire bon ménage. Sans entrer dans la polémique du film *Anges et démons*, ce dernier nous a surtout remis en mémoire la foi fervente des premiers grands scientifiques de notre ère, Copernic et Galilée. En effet, au XVIIe siècle, le grand mathématicien et physicien Blaise Pascal n'hésite pas à les citer dans ses *Pensées* et conseille même de s'y intéresser : « *Il ne faut pas que l'homme croie qu'il est égal aux bêtes, ni aux anges, ni qu'il ignore l'un et l'autre, mais qu'il sache l'un et l'autre.* » Emanuel Swedenborg (1688-1772) est un scientifique suédois qui, après avoir présenté une théorie moderne de l'atome, s'intéressa aux relations entre la matière et l'esprit. Il fera des découvertes capitales sur le cerveau et les glandes endocrines avant d'abandonner, à 56 ans, la science pour la théologie. Il affirma avoir des conversations avec les esprits et a laissé de très nombreux ouvrages dont *La Sagesse des anges*. Plus proche de nous, John C. Lilly (1915-2001), connu pour ses travaux sur les dauphins et le caisson à isolation sensorielle, a passé une partie de sa vie à faire des recherches sur la conscience humaine. Sa théorie sur la méta-programmation l'a conduit sur des voies d'expérimentations parallèles au cours desquelles il aurait croisé des entités qu'il présente comme « *des gardiens qui veillent sur lui depuis toujours mais qu'il n'était généralement pas en état de percevoir* ».

L'ange qu'on mérite

Le principe premier de l'existentialisme posé par Jean-Paul Sartre, « *l'homme n'est rien d'autre que ce qu'il se fait* », peut s'appliquer au monde angélique. Ainsi, le même ange peut être vu de façon totalement opposée selon ce que l'homme en fait. Les anges gardiens vénérés dans le nord de l'Inde ont les mêmes fonctions que ceux que nous apprécions en France. Dans les deux cas, ils ne peuvent avoir d'influence bénéfique sans volonté humaine. Mais alors que nous voyons des êtres d'amour toujours prêts à nous aider et n'attendant que notre acquiescement, les Indiens voient des êtres spirituels qu'il faut en permanence couvrir d'offrandes. Seule façon de s'attirer leurs grâces et de les calmer, sinon ils joueront de très mauvais tours et seront plutôt démons que guides protecteurs. Lors de son initiation chamanique par un sorcier amérindien, Carlos Castaneda, un anthropologue américain, voit apparaître des êtres monstrueux qui manquent de le faire mourir de peur. Ce qui fait bien rire son maître pour qui ces anges sont de grands alliés spirituels, invisibles et très puissants. Dans son *Dictionnaire des anges* (éd. Le Jardin des livres, 2005), Gustav Davidson suggère que « *nous créons ce que nous croyons. En fait si suffisamment d'entre nous croyons aux anges, alors les anges existent* ». Reste encore ensuite à maîtriser nos peurs, dépasser nos croyances et nos superstitions pour que les anges ainsi créés ne se transforment pas en démons nourris au lait de notre imagination.

Des anges et des archanges

Les archanges sont les chefs ou régents des différents chœurs angéliques dont ils sont la représentation syncrétique. Évidemment, cette notion de chef ou de régent est à prendre avec une certaine mesure. Il est en effet peu probable que certains anges soient considérés comme supérieurs aux autres par leur Créateur. Le docteur angélique qu'était saint Thomas d'Aquin met d'ailleurs le fidèle en garde contre cette notion humaine de hiérarchie appliquée aux anges.

Qui est le chef ?

Qui sont les archanges ? Sont-ils réellement les chefs des chœurs angéliques ? Existe-t-il des archanges supérieurs aux autres ? De l'avis de nombreux spécialistes, l'archange recteur serait plutôt la représentation de son chœur. En d'autres termes, tous les anges d'un même chœur se fondent pour devenir l'archange. Vu sous cet angle, l'archange peut être considéré comme supérieur. D'après la hiérarchie kabbalistique, les neuf archanges régents sont : Mettatron, régent des séraphins, Raziel pour les chérubins, Zaphkiel pour les trônes, Zadkiel pour les dominations, Camael, régent des puissances, Michaël pour les vertus, Haniel régent des principautés, Raphaël chez les archanges et Gabriel pour le chœur des anges. Pour l'Église catholique, trois archanges peuvent être nommés, tel que le rappel le concile du Vatican en 2001 : « *Il faut aussi réprouver l'usage de donner aux anges des noms particuliers, que la Sainte Écriture ignore, hormis ceux de Michel, Gabriel et Raphaël.* » Ces derniers sont fêtés le 29 septembre.

Michaël, celui qui est semblable à Dieu

Michaël (ou Michel) fait partie des trois archanges reconnus par l'Église catholique. Il est considéré comme le premier d'entre eux. Celui qui « est semblable à Dieu » est certainement le plus représenté et le plus connu. Il est aussi le seul appelé archange dans la Bible canonique. C'est lui qui terrasse Lucifer lors du grand combat contre les anges rebelles. Chef des armées célestes dont les hauts faits accompagnent et sauvent les hommes tout au long des récits bibliques de l'Ancien et du Nouveau Testament, saint Michel est celui dont Jeanne d'Arc entend la voix et qu'elle voit apparaître à Domrémy. Il est vénéré durant tout le Moyen Âge. De nombreux édifices religieux portent son nom tout comme de nombreux lieux à travers le monde. En France, le Mont-Saint-Michel est le plus connu. Dans la hiérarchie angélique de la kabbale, il est considéré comme l'archange recteur du chœur des vertus. Il représente la beauté, le feu, le soleil. Il est le symbole de la victoire du principe lumineux sur l'obscur. Le Coran le cite également sous le nom Mikaël, un des anges du jugement dernier chargés de la pesée des actes. Il fait incontestablement partie des premiers êtres célestes décrits par l'homme. Le livre d'Enoch le cite en tant que « *saint ange préposé aux meilleurs des hommes, à la garde du peuple* » et le qualifie de « *miséricordieux et très patient.* » Les Babyloniens vénéraient aussi un héros céleste terrassant les démons.

Gabriel, celui qui annonce

Difficile d'ignorer l'archange Gabriel. Il est celui que l'on retrouve abondamment dans la plupart des livres sacrés, à commencer par l'Ancien Testament, le Nouveau Testament et le Coran. Il est aussi cité dans les livres d'Enoch et on trouve sa trace dans les plus anciens textes cunéiformes mis au jour par les archéologues. Son rôle est primordial, il est le messager officiel de Dieu, ou des dieux selon les époques. Il apparaît au prophète Daniel : « *J'entendis une voix d'homme du milieu de l'Oulaï ; elle cria et dit : "Gabriel, fais-lui comprendre la vision".* » Il réapparaît ensuite de nombreuses fois dans l'Ancien Testament. Dans le Nouveau Testament, Gabriel joue aussi un rôle de premier plan. Il révèle à Zacharie la grossesse prochaine de sa femme, mère de Jean-Baptiste. Il est l'ange de l'annonciation, abondamment représenté dans l'art religieux chrétien. Il porte la nouvelle de la naissance du Christ à plusieurs acteurs de l'Évangile. Dans le Coran également, Gibril, ou Gabriel, est celui qui transmet la parole. C'est d'ailleurs lui qui dicte les textes fondateurs de la religion musulmane au prophète Mahomet pendant vingt-deux ans. Dans la kabbale, il est l'archange régent du chœur des anges. C'est donc aussi le « chef » de nos anges gardiens. Chez Enoch, il est décrit comme « *préposé au paradis, aux serpents et aux chérubins* », celui qui « *est préposé à toute force* ». Il est un des rares anges à avoir été représenté en femme.

Raphaël, celui qui guérit

Le troisième archange officiel de l'Église catholique est Raphaël. Il fait partie, comme Gabriel et Michaël, des trois seuls archanges sur lesquels les trois grandes religions monothéistes s'accordent. Il apparaît dans l'Ancien Testament avec Tobie qui raconte dans son livre l'histoire de l'ange envoyé par le seigneur pour rendre la vue à son père aveugle. On y découvre des détails intéressants tels que ses dons de guérisseur et son aptitude à prendre forme humaine. On découvre aussi que s'il semble se nourrir, partageant les repas des hommes, ce n'est qu'illusion. Ce n'est qu'à la fin du livre qu'il se révèle sous sa véritable identité : « *Je suis Raphaël, l'un des sept Anges qui se tiennent toujours prêts à pénétrer auprès de la gloire du Seigneur.* » Son attribut est « remède du seigneur », aussi est-il fréquemment invoqué lorsqu'un être cher est souffrant. Dans la kabbale, il est le recteur du chœur des archanges. On l'associe fréquemment à la planète Mercure. L'intelligence absolue est aussi un de ses qualificatifs. Dans les livres d'Enoch, il est dit de lui « *Raphaël, l'un des saints Anges, celui des âmes des hommes* », ainsi que « *préposé à toutes les maladies et à toutes les blessures des enfants des hommes* ». Les musulmans l'appellent Israfil, l'ange qui soufflera dans sa corne le souffle de vérité pour annoncer le jour du jugement. On le désigne aussi patron des voyageurs que ce soit sur terre, sur mer ou dans les airs.

Uriel, le feu de Dieu

Uriel, considéré comme un des archanges majeurs dans la culture populaire, ne fait pas l'unanimité chez les érudits des différentes religions. Source de désaccord chez les hommes, il est cependant décrit dans plusieurs traditions comme un ange de paix qui aide à résoudre les conflits. On dit aussi de lui qu'il est un ange de fraternité et un libérateur. Malgré les différences d'opinion, il reste un des archanges les plus cités dans de nombreuses traditions. Il est un des sept archanges majeurs de la religion orthodoxe et apparaît dans de nombreux textes apocryphes. On le considère chez certains kabbalistes comme l'ange du prophète Esdras. Dans d'autres croyances ésotériques, on l'associe à la planète Saturne. Certains le craignent et le désignent comme un ange terrible crachant un feu divin pour consumer les non-croyants et les êtres impurs. D'autres le placent en tant que gardien dans le jardin d'Éden. Même dans les différents livres attribués à Enoch, sa définition diffère. Selon les versions, il est « *l'un des saints Anges, celui du monde de terreur* » ou bien « *l'ange que le Seigneur de gloire a préposé à toutes les étoiles qui brillent dans le ciel et éclairent la Terre.* » Ange des châtiments, il est également considéré comme le prince des lumières et l'interprète qui aide les prophètes dans leur mission. On l'appelle Uriel, mais aussi Ouriel ou encore Sariel. Il est vu comme un archange de l'amour et de la sexualité.

Les archanges régents

La kabbale associe un archange à chaque chœur angélique. Ils seraient donc au nombre de neuf, mais les avis et croyances divergent sur le sujet. L'un des plus connus en dehors des quatre principaux que sont Michaël, Raphaël, Gabriel et Uriel est appelé Mettatron. Son nom fait référence mais ses attributions sont assez variées. Dans la kabbale, il est le régent des Séraphins et le plus élevé des archanges dans la hiérarchie angélique. Dans les textes d'Enoch, il est également vu comme l'un des plus importants anges de Dieu, le seul à avoir pu admirer la face de Dieu, d'où son surnom de « prince des faces ». Il est aussi celui par qui passe la lumière divine avant d'être redistribuée vers tous les autres anges. Il inspire de nombreux auteurs et artistes. On le voit dans le film *Dogma* en tant que voix de Dieu, dans un rôle plutôt loufoque. Il inspire aussi les créateurs de mangas et de jeux vidéo qui utilisent régulièrement son personnage. Parmi les autres archanges dont on trouve les noms au sein des différentes religions, on trouve Samael qui est vu selon les textes comme un ange destructeur, et séducteur dans le Talmud. Il est assimilé également à l'ange de la Mort ou venin de Dieu, faisant partie des anges déchus à qui certains prêtent aussi le rôle de tentateur d'Ève avec l'utilisation du serpent. Anaël est également cité régulièrement en tant qu'ange de l'Air pour certains tandis que d'autres l'associent à la planète Vénus. Il est célébré le vendredi.

Ces anges qu'on dit gardiens

La notion d'ange gardien semble remonter à la nuit des temps. Universellement admise par les trois grandes religions monothéistes, il est difficile de la mettre en doute tant elle est ancrée dans la mémoire collective et correspond à un besoin de l'humanité. Si rien ne prouve leur existence, hormis les très nombreux témoignages de croyants, rien ne permet d'affirmer leur inexistence. Le pape Benoît XVI dit à leur sujet : « Ils marchent à côté de nous, ils nous protègent, en toutes circonstances, ils nous défendent dans les dangers, et nous pouvons avoir recours à eux à tout moment. »

Et s'ils ne croyaient plus en nous ?

On se demande toujours si les anges existent. Que ce soit au temps des premiers hindouistes, des Babyloniens ou même des Égyptiens, les témoignages se recoupent pourtant. Est-ce leur concurrence présumée face au Dieu unique des églises monothéistes qui nous empêche aujourd'hui d'avoir une relation simple, amicale et même fraternelle avec nos meilleurs amis d'en haut ? Si ce sont vraiment nos frères éthérés toujours là pour nous soutenir, nous éviter quelques cicatrices ou nous empêcher de brûler éternellement, pourquoi n'est-il pas plus simple de leur parler ? Ce devrait être naturel. Et si nos anges gardiens nous rendaient la pareille, s'ils doutaient de notre existence ? Comment réagirions-nous ? S'ils nous soupçonnaient de vouloir les détourner de l'amour pur pour des rites plus magiques que mystiques ? Continuerait-on à les aimer patiemment et à attendre qu'ils se décident enfin à faire attention à notre présence ?

D'où viennent-ils ?

Les premiers hindouistes, 3 000 ans avant J.-C., croyaient déjà en un Dieu unique entouré d'anges dont certains, voulant régner à sa place, furent déchus. Les trois principaux étaient nommés Birma, Vitsnou et Sib. Par la suite, au fil des siècles, ces anges devinrent des divinités. Le nom Vistnou est d'ailleurs très proche de celui de Vishnou, l'une des trois principales déités hindouistes connues de nos jours. En France, c'est surtout au milieu du XIe siècle que se développe la dévotion aux anges gardiens personnels et de nombreuses prières leur sont entièrement dédiées à partir du XIIe siècle. Très liées au culte de saint Michel, elles commencent souvent par une phrase d'une prière à l'archange : « *Saint ange de Dieu, toi qui es mon gardien, par la puissance éternelle, guide-moi et protège-moi.* » Cependant, la Bible ne mentionne jamais clairement les anges gardiens, seules de nombreuses allusions indirectes dans l'Ancien et le Nouveau Testament font mention de leur rôle de protecteur. C'est ce qui leur vaut le titre d'anges gardiens, unanimement reconnus par l'Église et abondamment cités par les saints de la chrétienté : « *Avec un ange auprès de vous, que pourriez-vous craindre* » (saint Bernard) ; « *Le désir qu'a notre ange gardien de nous aider est beaucoup plus grand que celui que nous avons d'être aidés par lui* » (saint Jean Bosco). Ils sont en général chargés de protéger et d'aider le croyant à grandir dans l'Amour de Dieu et sont traditionnellement célébrés le 2 octobre.

Que font-ils ?

Si les avis divergent sur les origines des anges gardiens, la façon d'entretenir des relations avec eux et leurs noms, tout le monde s'accorde sur un point : leur rôle. Comme l'indique leur appellation générique, ces anges sont dévoués à l'humanité et chaque être humain est supposé en avoir un à ses côtés. Cette conception est unanime depuis la nuit des temps. Voltaire le confirme dans son *Dictionnaire philosophique* : « *Une des premières idées des hommes a toujours été de placer des êtres intermédiaires entre la Divinité et nous.* » Une autre notion commune à la plupart des écrits concernant nos anges gardiens, c'est qu'ils ne peuvent agir sans notre consentement et qu'il est nécessaire de demander leur aide pour l'obtenir. Une idée récurrente veut qu'il n'y ait rien de plus triste qu'un ange ignoré par son protégé. Il est intéressant de noter cependant que les premières actions d'anges protecteurs décrites dans l'Ancien Testament sont spontanées, directement ordonnées par Dieu et non formulées par la personne qui en bénéficie. Le protégé ne s'aperçoit qu'après coup qu'il a eu affaire à un envoyé divin. Ainsi Agar, dans sa fuite au désert dans la Genèse 16, 13, tombe par hasard sur l'ange de Yahvé. L'ange serait donc avant tout au service de Dieu, qui le met au service de l'homme. Jésus confirme cette règle dans l'évangile selon Matthieu (26, 53) : « *Penses-tu donc que je ne puisse faire appel à mon Père qui me fournirait sur le champ plus de douze légions d'anges ?* »

La hiérarchie angélique

C'est bien connu, l'être humain adore ranger, classer, hiérarchiser. Il est donc très fréquent d'entendre parler de la hiérarchie angélique. Cette hiérarchie aurait été découverte cachée dans une partie du livre de l'Exode, par les anciens kabbalistes. Ils révélèrent ainsi les noms de soixante-douze anges, répartis sur dix chœurs reliant la terre au Créateur. Denys l'Aréopagite et le pape Grégoire Ier ont défini neuf chœurs répartis en trois hiérarchies. La première, plus proche du trône de Dieu, comprend les séraphins, les chérubins et les trônes. La seconde, intermédiaire, compte les dominations, les vertus et les puissances, et la troisième est celle des principautés, des archanges et des anges. Cette dernière organisation angélique reste encore aujourd'hui la plus fréquemment utilisée pour décrire le monde des anges. Ces différentes catégories d'anges correspondent évidemment aux noms trouvés dans les textes bibliques. Les déductions, analyses et recoupements faits par les anciens théologiens ont ensuite permis d'établir cette hiérarchisation. Ceci dit, cette organisation n'est pas décrite telle quelle dans les écritures. Si elle définit la place et la fonction des différents groupes d'anges, elle ne signifie pas pour autant que certains sont plus importants que d'autres. Saint Thomas d'Aquin, grand spécialiste surnommé « le docteur angélique », précise d'ailleurs que les trônes, les chérubins et les séraphins sont tous à égale distance de Dieu.

Les anges d'antan

Est-ce parce qu'ils ont suffisamment nourri l'esprit des hommes, ou plutôt parce que ce sont les hommes qui les créent à leur image en fonction de leurs besoins, que les anges évoluent ? Les deux théories s'affrontent face à un constat qui ne peut être mis en doute : les anges gardiens d'antan ont bien changé par rapport à ceux d'aujourd'hui. Pourtant, sur la base des hiérarchies décrites précédemment et du fait de leur immortalité, ils devraient être restés les mêmes. Toujours est-il que l'angelot joufflu d'il y a quelques siècles que l'on priait soir et matin, celui des premières envolées mystiques du Moyen Âge et celui d'aujourd'hui n'ont plus grand-chose à voir. Au XIe siècle et jusqu'au XVe siècle environ, l'ange gardien était fortement imprégné de l'image d'un saint Michel en armure combattant, épée à la main, l'horrible dragon de l'apocalypse. L'archange et les myriades de protecteurs angéliques étaient en effet intimement liés dans l'esprit populaire. Force est de constater qu'ils ressemblaient aussi très fortement aux vaillants chevaliers, les héros de l'époque. On voyait surtout en eux des combattants en arme et leur principale fonction de gardien consistait à chasser les démons et les esprits malins. Petit à petit, ce petit guerrier se transforma en poupon joufflu et précieux, plus proche d'un Cupidon et plus enclin à nous aider dans nos peines de cœur... Et puis voilà qu'il s'éteint presque lors d'un siècle où brillent d'autres Lumières.

Les anges modernes

À l'aube du troisième millénaire, les hommes réalisent soudain que leurs lumineuses avancées technologiques sont en train de tuer leur planète et eux avec. Les alarmes sont au rouge, l'humain ne va pas bien et se souvient de ses anges gardiens. Ce renouveau spirituel ressemble à un raz-de-marée angélique. Une grosse vague drainant tout ce qui se trouve sur son passage. Un étonnant brassage. Les anges font de la pub, sont sexy, crèvent l'écran au cinéma, font la une des journaux. Mais il y a un grand absent : Dieu, sans qui ils ne peuvent exister. D'ailleurs ils disparaissent assez rapidement. La maxime la plus célèbre du XXe siècle, celui de leur retour, leur va comme un gant : les anges sont spirituels ou ne sont pas. Ce qui signifie que ce n'est pas parce qu'on ne les voit pas qu'ils ne sont pas là. Les extrêmes se rejoignent et les anges de ce renouveau se rapprochent beaucoup plus de leur rôle initial. Fini les clichés, le sens de l'essentiel redevient naturel. L'homme réalise petit à petit qu'à défaut de la femme que chantait le poète, c'est peut-être bien l'ange gardien qui est son avenir... et celui de sa femme et certainement même de sa famille. Une vérité première oubliée au fil des années se reforme dans la mémoire des terriens un peu rassurés de retrouver leurs gardiens qui sont aussi leur part d'esprit : les anges, quand on en a un chacun pour soi, c'est qu'il y a vraiment un Dieu pour tous.

Les anges déchus

Anges ou démons ? Apparemment, les deux se rejoignent puisqu'à l'origine les seconds sont en fait une partie des premiers qui, s'étant révoltés, ont été chassés et sont donc devenus des anges déchus. Chez les premiers hindouistes, il s'appelait Mozazor, dans le mazdéisme Angra Mainyu, pour les musulmans c'est Azazel, Iblis ou Shaytan et chez les catholiques Lucifer. Leurs noms diffèrent mais dans tous les cas, leur origine est la même. Ce sont tous des anges, parmi les premiers créés et les plus puissants.

Déchus ou déçus ?

Les lecteurs des Évangiles critiquent souvent saint Thomas l'apôtre parce qu'il voulait voir de ses yeux et toucher de ses mains les blessures d'un Jésus qu'on disait ressuscité. Et si le pragmatique Thomas nous montrait une voie que nos jugements nous empêchent de voir ? Nos anges attendent peut-être aussi un peu plus de scepticisme de notre part. Car souvent, ce qui les éloigne des hommes ce sont des peurs irrationnelles ou des clichés parfois obscurantistes qui font douter de leur réalité. L'être humain possède également une certaine facilité à faire des anges, surtout ceux que l'on dit déchus, de véritables boucs émissaires. Cependant, même si Lucifer, chérubin en chef avant d'être déchu, est un grand tentateur, l'homme possède toujours son libre arbitre et a toujours la possibilité de lui résister ou de le repousser. Selon certains écrits, son rôle est même de volonté divine. Ainsi, lorsque nous succombons à la tentation, l'ange est-il plutôt déchu ou... déçu ?

La source du mal

Le thème de l'ange déchu est une constante dans de très nombreux textes fondateurs. Leurs premières traces ont été trouvées en Iran et en Inde. Chez les premiers hindouistes, le livre sacré appelé Shasta raconte que le dieu unique a créé quatre premiers anges appelés Birma, Vitsnou, Sib puis Mozazor qui seront suivis d'une multitude d'êtres célestes. Mozazor prend alors la tête d'une poignée d'entre eux et désobéit au Créateur dont il veut prendre la place. Il est chassé du Ciel. Plus tard, lorsque le Créateur façonna la Terre, certains de ces anges s'étant repentis, ils eurent le droit de s'incarner dans le corps des vaches qui, depuis, sont sacrées en Inde. En Iran, Zarathustra révèle à ses fidèles l'histoire d'Angra Mainyu, un des sept archanges du dieu unique Ahura Mazda, qui entre en rébellion et se fait chasser par Spenta Mainyu, entraînant dans sa chute les daevas qui deviennent les démons. Une histoire similaire d'anges déchus se retrouve dans les anciens textes persans. Chez Enoch, les anges déchus sont ceux du chapitre 6 de la Genèse qui, trouvant les femmes terrestres très belles, finissent par s'unir à elles, donnant la génération des géants. Toujours d'après Enoch, ces mutants finissent par opprimer les hommes et les corrompre, s'attirant les foudres divines. Curieusement, l'Ancien Testament ne décrit pas la rébellion des anges. Dans le livre de Job, Satan apparaît en ange tentateur, qui met le fidèle à l'épreuve.

Le bon petit diable

Dans l'imagerie populaire, l'ange gardien, représenté comme un petit conseiller spirituel tout de blanc vêtu, va souvent de pair avec un petit démon vêtu de rouge et portant deux petites cornes. Ce petit diablotin n'est pas aussi effrayant que le prince des ténèbres rôdant sur la terre en quête d'âmes à damner. Il est même plutôt sympathique. Cette idée du bon démon n'est pas rare. La littérature cite régulièrement celui de Socrate. On le retrouve aussi chez quelques auteurs français tels Baudelaire dans *Assommons les pauvres !* : « *J'entendis une voix qui chuchotait à mon oreille... C'était celle d'un bon Ange, ou d'un bon Démon, qui m'accompagne partout.* » Ou encore chez Corneille : « *Oh ciel ! Quel bon démon devers moi vous envoie, Madame ?* » La mythologie babylonienne est peuplée de démons qui peuvent être tour à tour bons ou mauvais. Le terrible Pazuzu par exemple, dont l'histoire a traversé les siècles gravée sur des tablettes. Il terrifiait les populations, distribuait les maléfices, envoyait des épidémies destructrices. Mais, si on savait l'invoquer correctement avec quelques belles offrandes, il devenait un allié de poids. Le langage populaire est riche en expressions sympathiques, normalement réservées au diable. Petit coquin, comme il est malin... On finit par s'y attacher à ces diablotins ! Publié en 1865, le plus grand succès littéraire de la Comtesse de Ségur reste encore très populaire, surtout son titre : *Un bon petit diable.*

Les anges de l'enfer

Pour Sartre, c'était les autres, chez les Latins, l'Hadès, le Tartare chez les Grecs et chez nous, c'est l'enfer... ce lieu où nos anges gardiens essaient infatigablement de nous empêcher de tomber, l'antre du prince des ténèbres. Mais qui est-il au juste et que sait-on de son armée d'anges déchus ? Les textes bibliques sont assez discrets sur les hiérarchies démoniaques. Cela se comprend. On connaît les noms de certains : Lucifer, Satan, Belzebuth... Et on sait également que les démons sont légions. Enoch cite nommément plusieurs des anges maudits qui sont descendus sur terre faire commerce avec la descendance d'Ève. Il en dénombre 200 et dévoile le nom de leurs vingt chefs parmi lesquels Shemihazah, Azael et Kokabiel. Chez les musulmans, Shaytan est leur guide. On le nomme également Iblis ou Azazel. Deux autres démons célèbres s'appellent Harut et Marut. Deux terribles perturbateurs qui descendent sur terre pour tenter les humains, les bousculer, leur faire peur et, accessoirement, pour s'enivrer du vin que produisent nos vignes. Ce sont surtout les traités de magie noire et de sorcellerie qui donnent des détails précis de l'organigramme infernal. Pour certains, il compterait aussi neuf ordres d'anges déchus. Chez les chefs, le principal est Lucifer, ex-archange régent des chérubins. Son nom signifie quand même « celui qui porte la lumière ». Il y a trois grands groupes de démons : les supérieurs, les inférieurs et les élémentaires qui sont finalement les moins terribles, vus d'en haut.

Rebelle ou illégitime ?

Les manuscrits coptes de Nag Hammadi sont déroutants. L'un d'eux raconte qu'au début la part féminine du Créateur décide d'agir sans l'accord de celui dont elle était issue. Elle met alors au monde une ombre qui devient matière et se trouve expulsée « plus bas ». Sur cette boule de matière se développe l'enfant illégitime décrit comme « une bête arrogante ressemblant à un lion. » Seul sur son caillou, doté de pouvoirs divins, il se prend pour le dieu unique et le crie très haut. Si bien qu'une voix venue d'en haut le contredit. Pour lui prouver son erreur, elle envoie un rayon lumineux. Énervé, le fils non reconnu crée sept enfants à qui il tente de faire croire qu'il est le Dieu unique. Un ange de feu est envoyé pour le remettre une nouvelle fois à sa place. L'un de ses enfants se détourne alors de lui pour adorer ce Dieu supérieur. Ce dernier l'élève jusqu'au septième ciel, sur un char « à quatre faces de chérubins » avec une myriade d'anges musiciens. Voyant cela, son créateur éprouve de la jalousie. Mauvais sentiment d'où sort une nouvelle entité appelée Envie. Elle-même en produisant une autre baptisée Mort... L'homme arrivera bien plus tard, sur une terre où un fils de la honte, prince des ténèbres, se prend pour l'Unique et ne manque pas de le faire croire. Au septième ciel, son propre fils ressemble plus à un vrai dieu que lui. Le véritable Créateur ne s'est pas encore montré que l'homme ne sait déjà plus à quel saint se vouer. Heureusement, les anges sont là pour l'aider.

Ni bien, ni mal

Que représentent aujourd'hui les anges déchus et leur prince humanophobe ? Sont-ils en train de gagner la partie ? Sur ce point, tous les écrits sont formels. Tout ce que les anges déchus vont gagner ce sont des flammes éternelles. À condition bien sûr que les textes que l'on dit sacrés soient réellement d'origine divine et n'aient pas été retouchés. En attendant la preuve matérielle qui ne devrait arriver qu'à la fin des temps, les esprits évoluent. Petit à petit, les notions de bien et de mal s'estompent au profit d'une logique basée sur la toute puissance du Créateur à qui nous devons les anges, qu'ils soient bons ou mauvais, rejoignant ainsi les textes de l'Ancien Testament où Satan est un ange parmi les autres et dont le rôle est finalement primordial pour le développement de la spiritualité du croyant et de sa foi en Dieu. Ni bien, ni mal, juste une volonté divine, un plan global que l'humanité ne peut comprendre et que les anges nous aident à accepter en toute confiance. Reste à oser faire le pari d'y croire. Blaise Pascal en a étudié les différents aspects pour voir ce que l'on pourrait gagner à croire que Dieu et ses anges existent. Voici sa conclusion en 1670 dans ses *Pensées* : « *Estimons ces deux cas : si vous gagnez, vous gagnez tout ; si vous perdez, vous ne perdez rien. Gagez donc qu'il est, sans hésiter.* »

Notes

Notes

EDITIONS ESI

100, rue Petit, 75019 Paris

Auteur : Las Casas - Illustrations : © Lenivitz Production / Irina Sarnavska
Imprimé par Printer Portuguesa au Portugal à Rio de Mouro
© Éditions ESI - Dépôt légal : février 2015- Achevé d'imprimer : février 2015
ISBN : 978-2-8226-0396-6 - N° Sofédis : S563533